LA MOSQUÉE EL-RIFAÏ

Pl. I. — Partie de la ville a l'est de la mosquée el-Rifaï à la fin du XVIIIe siècle d'après les planches de l'Expédition d'Égypte.

MAX HERZ BEY

LA
MOSQUÉE EL-RIFAÏ

AU CAIRE

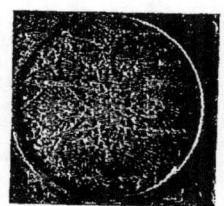

PARU À L'OCCASION DE LA CONSÉCRATION DE LA MOSQUÉE.

عشيرتنا أمنتم بنظير الآثار العربية بمقديه

بناء الإدارة الجناب العالي الأفخم قد كنت كلفنا فخامتكم بعمل تخديدات مشروع تتميم
عمارة جامع الرفاعي التابع لعموم سيوات ومقابيات وفضلا فخامتكم
فتفضلتم بهذه المهمة وقد عرضنا نتيجة عن الأعتاب الكريمة فوجبت
بإستحسانه العالي وتعقبنا الإدارة سامية بالشروع في بعمو فذلك سعنا
في هذا المقام سوى الثناء داية لشكر لطفكم وتقديرا لمماتكم تتميه

خادمكم أحمد خيري
مدير أوقاف خديوية

Le Caire, le 12 juillet 1906.

Monsieur l'architecte en chef,

Par ordre de Son Altesse le Khédive, je vous avais confié l'élaboration d'un projet d'achèvement de la construction de la mosquée el-Rifaï, relevant de l'Administration des Wakfs Khédiviaux, ainsi que l'établissement des dessins et devis y relatifs.

Vous avez bien voulu vous acquitter de ce travail dont les résultats, soumis à la sanction de notre Auguste Maître, ont été couronnés de Sa haute approbation et je viens de recevoir l'ordre de mettre en exécution le projet en question.

A cette occasion je n'ai qu'à vous présenter mes félicitations et à vous exprimer tous mes remercîments.

Veuillez agréer, Monsieur l'architecte en chef, l'assurance de ma considération la plus distinguée.

AHMED KHAÏRI.

Monsieur l'architecte en chef du Comité
de conservation des monuments arabes
EN VILLE.

PAR la lettre que Son Excellence Ahmed Khaïri pacha nous adressait en 1906, il nous exprimait la haute approbation dont notre Auguste Maître, le Khédive Abbâs Hilmi, a daigné honorer notre projet pour l'achèvement de la mosquée el-Rifaï, monument aux dimensions grandioses, mais dont les travaux interrompus étaient abandonnés depuis un quart de siècle, — et nous passait en même temps l'ordre de mettre en exécution le projet.

Aujourd'hui l'ordre auguste est accompli : la mosquée el-Rifaï, fondée par feu la Princesse Khochiâr est achevée grâce à la piété de son arrière-petit-fils, le Khédive Abbâs Hilmi.

La mosquée, née d'un désir et terminée par une volonté, n'a pas d'histoire hors les vicissitudes de sa construction que nous exposons ici en y joignant sa description accompagnée d'une série de vues de l'édifice.

★

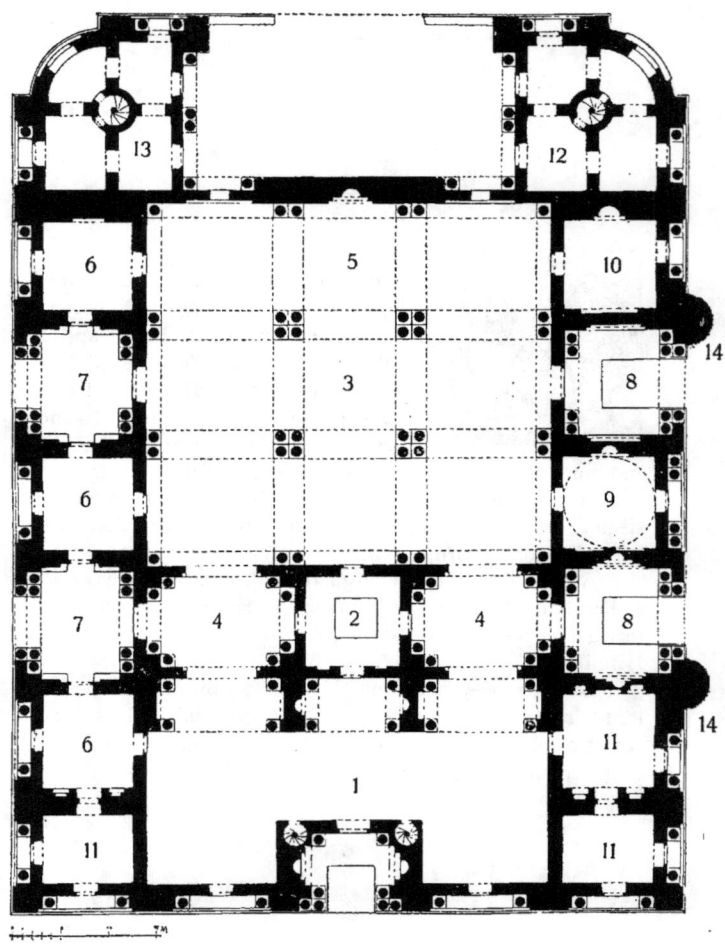

Pl. II. — Plan primitif de la mosquée dressé par Hussein pacha.

Légende:
1. Vestibule ouest. — 2. Tomb. du Cheikh el-Rifaï. — 3. Grande salle de prières. — 4. Passages. — 5. Kibla. — 6. Sépultures. — 7 et 8. Portes. — 9. Tomb. du Cheikh Yehia. — 10. Oratoire. — 11. Salles. — 12. Fontaine. — 13. Ecole. — 14. Minarets.

« Certes, nos monuments montreront quels nous avons été ; — Et les ouvrages élévés par nous serviront d'instruction aux Rois du monde. »

OULOUGH BEG.

LA MOSQUÉE EL-RIFAÏ

A mosquée el-Rifaï est située au terminus ouest du grand boulevard moderne Mohamed Ali, vis-à-vis la mosquée du Sultan Hassan. Elle s'élève sur l'emplacement de tout un ancien quartier que nous connaissons par de vieilles gravures ou aquarelles qui nous en montrent diverses vues extérieures. Une gravure de l'ouvrage de l'Expédition française ([1]) porte au premier plan un bloc d'édifices (pl. I) qui s'étendait depuis la mosquée el-Mahmoudieh jusqu'à la rue Souk el-Silâh et qui a fait place depuis à la mosquée el-Rifaï et à la maison moderne située entre ces deux mosquées. La fig. 1 est la photographie d'une aquarelle du peintre anglais Frank Dillon ([2]), datée de l'an 1864. Elle représente, avec quel-

---

([1]) Tome I, page 32.
([2]) Ce peintre est venu en Egypte une première fois en 1854-55 et ensuite à diverses reprises, notamment lors de l'ouverture du Canal de Suez. L'aquarelle

ques maisonnettes et une fontaine-école de l'époque turque, un détail des édifices de la planche I vus de l'autre côté de la rue. Ce dernier tableau est un de ces délicieux ensembles qui se font de plus en plus rares au Caire. Les étages démolis des édifices situés au premier plan et l'amas

Fig. 1. — Etat des constructions élevées sur l'emplacement de la mosquée el-Rifaï d'après une aquarelle de 1864.

des matériaux accumulés au pied du mausolée du Sultan Hassan portent à croire que l'on se disposait à faire les préparatifs pour la construction de la mosquée el-Rifaï. En effet, Ali pacha Moubarak qui en parle en deux endroits de ses « Khitat el-Gadîda » donne 1286 de l'hégire

---

reproduite ici est une des nombreuses études faites par cet artiste au Caire non encore modernisé, et dont beaucoup ont pour cette raison une valeur historique incontestable.

Pl. III. — Coupe longitudinale par la mosquée avant la reprise des travaux en 1906.

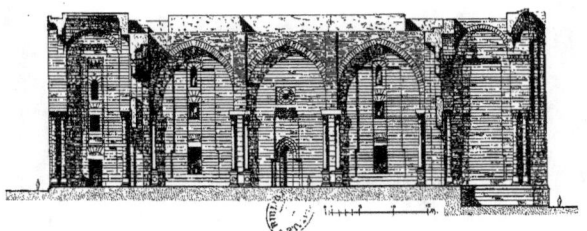

Pl. IV. — Coupe transversale par la mosquée avant la reprise des travaux en 1906.

Pl. V. — Façade sud, d'après un dessin au crayon, de la main de Hussein pacha.

(1869), comme année de sa fondation (¹). Cet auteur énumère à la page 114 de son ouvrage les édifices principaux qui ont fait place à la nouvelle construction parmi lesquels il y avait à côté de l'ancien oratoire et tombeau du Cheikh Ali el-Rifaï un grand nombre de sépultures dont nous avons retrouvé les substructions en élevant le mur d'enceinte du jardin situé à l'ouest de l'édifice (²).

La princesse Khochiâr, mère du vice-roi Ismaïl pacha, fondatrice de la mosquée chargea Hussein pacha Fehmi d'en dresser les plans tandis qu'au chef eunuque Khalîl Agha était confiée la direction du chantier. Le programme comportait une mosquée avec ses dépendances, un tombeau pour le cheikh Ali el-Rifaï et les mausolées pour la fondatrice et ses descendants.

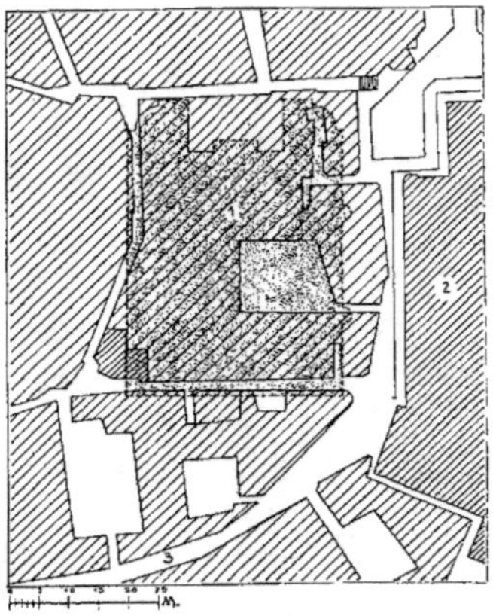

Fig. 2. — Ancien plan partiel de la ville montrant l'emplacement du tombeau du cheikh Ali el-Rifaï sur lequel est élevé la mosquée.

Légende :
1. Mosquée el-Rifaï.
2. Mosquée du Sultan Hassan.
3. Rue Souk el-Silâh.

Hussein pacha « el-Maamâr » (l'architecte) se mit avec beaucoup d'ardeur à l'accomplissement de sa tâche. Le plan fut vite arrêté et la construction commencée sitôt la pierre choisie : elle pro-

---

(¹) Nous aurons dans la suite à revenir sur quelques passages de ce chapitre d'Ali pacha.

(²) A l'emplacement de la Zaouïyet du cheikh Ali el-Rifaï existait au moyen-âge une mosquée, décrite par el-Makrizi dans le deuxième volume de sa topographie de la ville du Caire.

— 18 —

venait des carrières de Bassatyn et était transportée par chemin de fer spécial.

La mosquée mesure 72 m. 15 de largeur sur 96 m. 96 de longueur et couvre une superficie de 6500 mètres carrés. En entrant par la porte principale, située à l'ouest (planche II), pour s'acheminer vers l'est, on traverse un long vestibule de 9 m. 50 sur 42 m. 78 de longueur accédant à la tombe du cheikh el-Rifaï, puis, au-delà de celle-ci, la grande salle de prières divisée en trois travées centrales flanquées à droite et à gauche d'une rangée de trois autres travées rattrapant la longueur de 42 mètres 78 du vestibule d'entrée. A côté du tombeau du cheikh Ali, au nord et au sud, se trouvent des passages en couloir qui vont à la mosquée et, à l'extrémité est (¹) de la rangée d'axe, la Kibla adossée à une cour, clôturée d'une grille. Ces parties symétriques du plan se complètent vers le nord par trois salles séparées

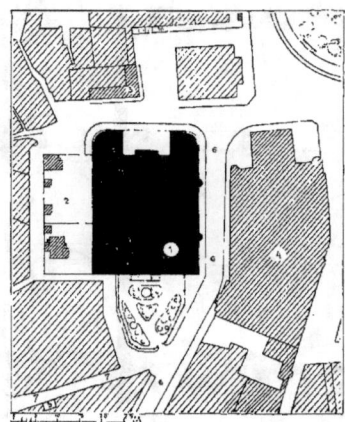

Fig. 3. — Etat actuel de la mosquée et de ses abords.

Légende:

1. Mosquée el-Rifaï.
2. Dépendances de la mosquée.
3. Cour d'ablutions.
4. Mosquée du Sultan Hassan (XIVe siècle).
5. Porte du palais Djakmak el-Silâhdâr (XIVe siècle).
6. Boulevard Mohamed Ali.
7. Rue Souk el-Silâh.

(¹) Ce sont plutôt les diagonales des salles et non pas leurs parois qui correspondent aux points cardinaux. Nous adoptons pourtant cet usage des Egyptiens et désignons la Kibla comme étant dirigée vers l'est.

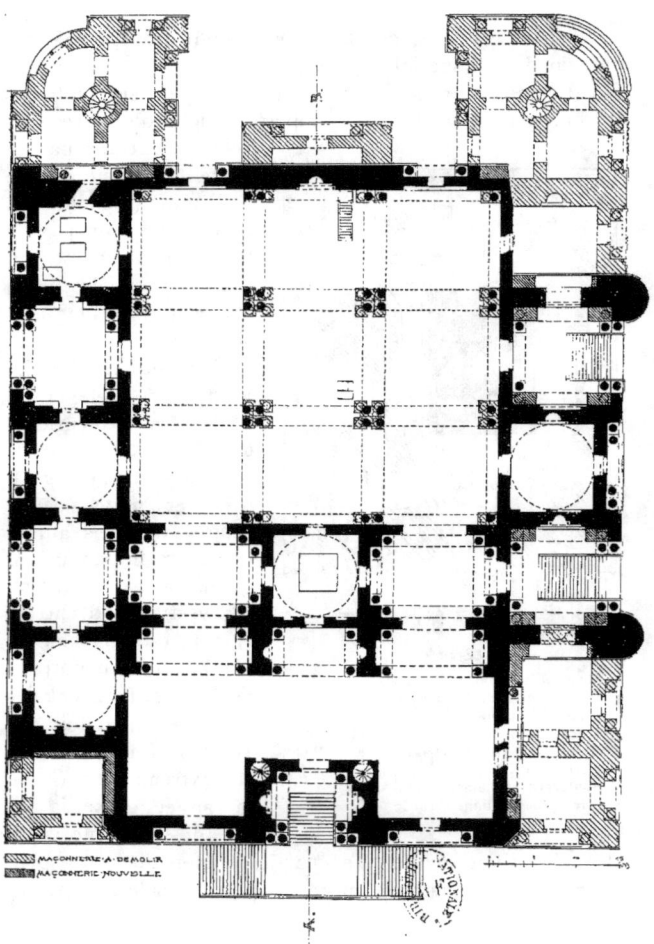

PL. VI. — Premier projet de modification entraînant la réduction générale du monument,
Plan de Herz bey.

entre elles par deux porches ouverts, et destinées à la sépulture des membres de la famille khédiviale. Au sud, deux autres porches correspondant aux premiers, séparent d'autres salles sans destination spéciale excepté celle surmontée d'une coupole, placée entre les entrées et réservée au tombeau du cheikh Yehya el-Ansâri et une autre que nous avons transformée en oratoire. Pour achever la description de cet édifice, il nous faut encore signaler : 1° trois salles placées soit aux angles de la façade ouest, soit en bordure de la façade sud ; 2° l'aménagement, vers l'extrémité est des travées nord et sud, de deux groupes de pièces où sont distribués, du côté sud un Sébîl (fontaine) et ses dépendances, et du côté nord le Kouttâb (école). Ces deux derniers groupes de constructions laissent entre eux la cour précédemment signalée contre laquelle s'appuie la Kibla et d'où l'on peut accéder directement dans le grand oratoire par une autre entrée, ce qui porte à six le nombre des entrées. (Voir aussi la pl. X).

L'examen de la planche II montre les qualités et les défauts de ce plan. En effet, s'il se présente avec une certaine originalité bien définie, qui fait honneur à Hussein pacha, son auteur, il offre aussi prise à la critique. L'idée dominante qui a présidé à sa conception a été la symétrie, si contraire aux principes choyés par les constructeurs de mosquées au moyen-âge. Elle a eu pour fâcheuses conséquences : l'importance exagérée donnée au vestibule d'entrée, l'adoption d'une série de salles inutiles, la nécessité de construire sur le même plan le Sébîl et le Kouttâb qui pourtant ont des destinations si différentes. De plus, le nombre des portes est exagéré ; celle à l'est de la façade sud ne sera même pas utilisée, vu qu'elle donne directement dans la grande salle de prières, ce qui est un inconvénient des plus graves. On peut aussi critiquer, dans un autre ordre d'idées, le choix de l'emplacement réservé aux minarets. Puisque l'entrée principale était prévue sur le côté ouest, on ne conçoit pas pourquoi ces minarets n'ont pas été réservés pour cette façade au lieu d'avoir été érigés du côté sud, vers une rue trop étroite pour la hauteur qu'ils devaient avoir. Mais malgré tout, nous ne voulons pas nier la valeur du projet, d'une conception supérieure à ce qui se fit dans le courant du siècle passé, dont la mosquée Sayednal-Hussein commencée en 1865, la mosquée Mohamed Ali achevée en 1848 et copiée sur le modèle des mosquées turques, et la reconstruction partielle sous le Khédive Ismaïl pacha de la mosquée el-Mouayyed, sont des exemples.

Hussein pacha, en effet, hanté par la difficulté de la tâche qu'il avait à remplir en établissant un pendant à la mosquée du Sultan Hassan, la plus majestueuse, la plus imposante du Caire, rêva de faire grand et beau pour que son œuvre pût soutenir un tel voisinage. Il fit du gigantesque dans l'ensemble et anima le détail de son architecture d'une variété d'ornementation qui décèle son habileté et sa délicate fantaisie. Pour donner une idée de son originalité et de sa facilité à composer, notons que les quatre faces des 44 dés qui portent les colonnes en marbre sont ornées chacune d'une sculpture différente. Malheureusement même dans ce détail typique, l'élan de l'artiste n'a pu atteindre l'effet poursuivi qu'il dut sacrifier aux exigences statiques, en noyant deux faces de chaque dé dans le pilier de renfort.

★

Pl. VII. — Façade du plan de la planche VI. Projet de Herz bey.

AIS l'édifice devait subir de nombreuses vicissitudes. Elles commencèrent par l'interruption du travail au moment où il avait à peine atteint une hauteur de deux mètres au-dessus du sol. Le Khédive Ismaïl pacha, mis au courant des sommes dépensées, et effrayé surtout de ce que 500000 livr. st. seraient nécessaires pour achever l'édifice commencé, suspendit le travail. Il fut repris ensuite par le Ministère des Travaux Publics qui dut le consigner à son tour à un contremaître européen (¹) fortement recommandé auprès de Son Altesse. Gaï, dès qu'il eut la direction de cette affaire, soit qu'il voulût marquer cette œuvre de son goût personnel, soit qu'il se rendît compte des défauts du projet primitif (²), proposa d'importantes modifications et réclama même, d'après Ali pacha, la démolition de tout ce qui avait été fait jusqu'alors. C'était excessif: aussi, sur le désir de la noble fondatrice, Gaï se vit-il retirer la confiance qu'on lui avait accordée et qui revint une deuxième fois au Ministère des Travaux Publics.

A cette époque les travaux furent poussés avec une

(¹) El-Khitat el-G. — Nous croyons qu'il s'agit de l'italien Gaï que nous avons rencontré il y a une trentaine d'années à la mosquée el-Rifaï et qui plus tard a travaillé au marché d'Atabat el-Khadra. C'était alors un vieillard à barbe blanche.

(²) Défauts qui sans doute rendirent plus tard nécessaires les remaniements que nous avons apportés.

grande activité et ce, dit Ali pacha Moubarek : « jusqu'à ce qu'il fut fait ce qu'il y a aujourd'hui ». Il semble même qu'il y eut alors excès de zèle de la part de Khalil Agha qui, dans son impatience, maltraita les ouvriers au point que son nom évoque, encore aujourd'hui, le souvenir d'un chef très redouté.

Loin du chantier, dans de grands ateliers établis expressément, les marqueteurs hâtaient la confection de nombreuses portes et fenêtres, et fondaient les grilles de bronze, pendant que Abdalla bey el-Zohdy, le meilleur calligraphe de l'époque, préparait les cartons de l'inscription destinée à former frise sous les plafonds. Le minbar était en partie fait, la maksoura presque complètement achevée autour du cénotaphe du cheikh Ali el-Rifaï et les tapis fournis et mis en dépôt.

Peut-être était-ce la mosquée du sultan Hassan, dont le voisinage hantait l'imagination des constructeurs, qui réveillait en eux l'ambition d'élever un édifice d'importance pareille et aussi rapidement qu'elle-même avait été construite ?

Comme toujours, d'ailleurs, la grande hâte porta malheur à la bonne exécution du travail.

Il faut aussi considérer que Hussein pacha qui, se flattait d'égaler les grands artistes du moyen-âge, se trouvait dans un état d'infériorité réelle par l'époque de décadence dans laquelle il vivait ; et nous le trouvons bien hardi d'avoir voulu être l'émule des grands maîtres inconnus sans les avoir étudiés auparavant. Il innova une ornementation heureuse, il est vrai, mais n'emprunta pas aux anciennes mosquées le secret de leur stabilité et adopta dans son plan, pour des portées de dix mètres, des épaisseurs de murs de 1 m. 40 et moins, bien que la hauteur totale atteignît 30 m., et sans que des plafonds intermédiaires vinssent chaîner de si colossales maçonneries. Il avait aussi prévu des colonnes qui, ne pouvant pas résister aux charges auxquelles elles étaient soumises, furent la cause d'un mouve-

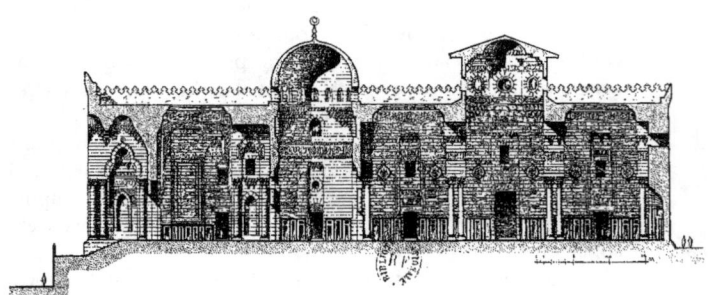

Pl. VIII. — Coupe longitudinale AB pl. VI. — Projet de Herz bey.

ment important qui se produisit lorsqu'on décintra les arcs qui reliaient les murs aux colonnes. Antérieurement déjà l'édifice ayant été en danger par suite de la rupture de diverses colonnes, dans le grand couloir ouest, on avait, par prudence, renoncé à compléter les murs qui les surmontaient et constitué ainsi de vilaines plateformes situées à une certaine distance des plafonds, fig. 4. Dans la grande salle de prières même, un mouvement faillit entraîner une véritable catastrophe quand, lors du décintrage, diverses colonnes se brisèrent et mirent hors d'aplomb le mur de la Kibla ([1]).

Fig. 4. — État du vestibule en 1906.

Ces accidents émurent vivement les constructeurs qui, pour rendre au monument sa stabilité, adossèrent au mur est, le massif indiqué sur le plan (fig. 5).

Il était malheureusement plus difficile de remédier à l'insuffisance de résistance des colonnes et, bien que de nombreux projets eussent été présentés, la bonne solution n'était pas trouvée. On proposa notamment de laisser les colonnes en place et d'introduire entre elles, au centre, une cinquième colonne en fer qui aurait soulagé les autres; un

---

([1]) Franz pacha dans une lettre, du 7 décembre 1910, dit que quelques colonnes en marbre étaient fendues dans toute leur longueur par suite de l'immense poids des arcs massifs qui les surmontaient.

dessin relatif à cette proposition est conservé dans les archives, il ne porte malheureusement pas de signature. Un autre projet consistait à espacer les colonnes de façon à aménager dans leur centre un puissant pilier en pierre de taille (¹). Ali pacha Moubarak nous raconte encore, en parlant de la mosquée, que lorsque l'édifice et ses biens fonds furent

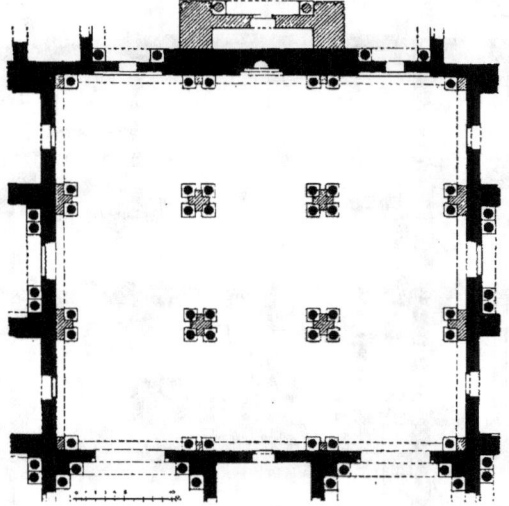

Fig. 5. — Partie du plan primitif de la mosquée, modifié à la suite des accidents survenus avant 1880.

annexés aux Wakfs, l'administration de ces domaines proposa d'adosser aux murs des contreforts qui devaient les décharger. Il signale encore un projet émanant de lui et consistant à reporter toutes les colonnes le long des

---

(¹) D'après Franz pacha, c'est sur la proposition de feu Bijard ingénieur de la Compagnie du Gaz, auquel Khalîl Agha a demandé conseil, que ce moyen définitif de renforcement fut adopté. (Lettre précitée.)

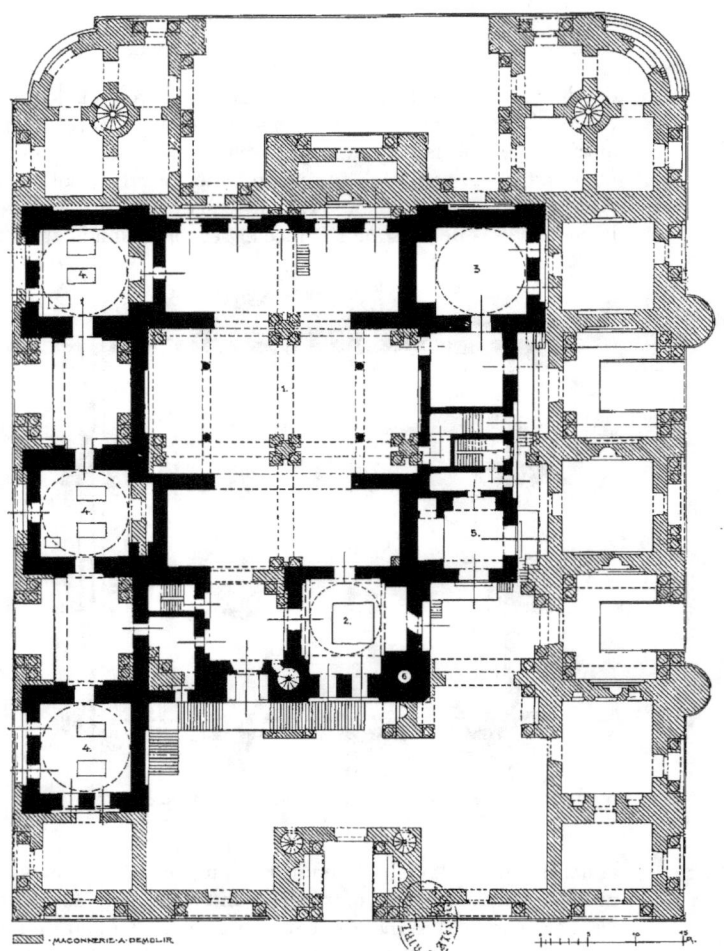

PL. IX. — Deuxième projet de modification entraînant la démolition et la reconstruction complète de la mosquée, en conservant aux tombeaux leurs emplacements primitifs.
Plan de Herz bey.

Légende :
1. Oratoire. — 2. Tombeau du cheikh el-Rifaï. — 3. Tombeau du cheikh Yehia.
4. Sépultures de la famille v.-royale. — 5. Fontaine publique (au-dessus école). — 6. Minaret.

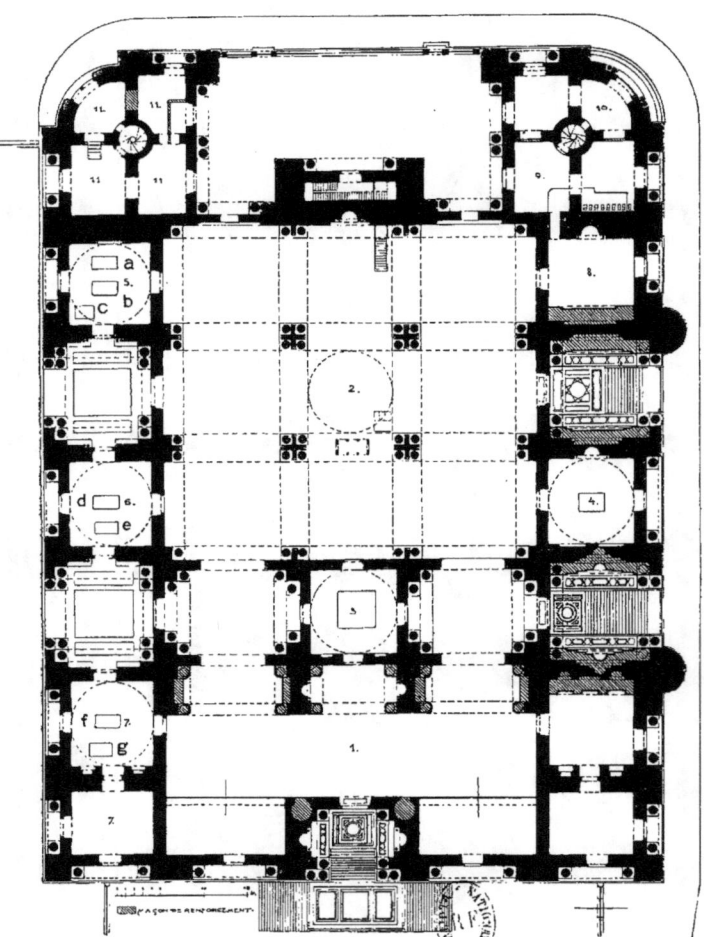

Pl. X. — Plan d'exécution montrant les modifications apportées par Herz bey au projet primitif.

Légende:

1. Vestibule ouest. — 2. Grande salle de prières. — 3. Tombeau du cheikh Ali el-Rifaï. 4. Tombeau du cheikh Yehia. — 5-7. Sépultures de la famille khédiviale : *a.* Zeinab Hânem, fille d'Ismaïl pacha. — *b.* Tauhîda Hânem, fille d'Ismaïl pacha. *c.* Ali Gamâli, fils d'Ismaïl pacha. — *d.* Le Khédive Ismaïl pacha. — *e.* Khochiâr Hânem, mère d'Ismaïl pacha, fondatrice de la mosquée. — *f.* Djaham Afat Hânem, troisième épouse d'Ismaïl pacha. — *g.* Chohrât Hânem, première épouse d'Ismaïl pacha. 8. Chapelle. — 9. Passage (Salle d'ablutions). — 10. Fontaine publique. — 11. École.

murs pour couvrir ensuite toute la salle par une grande coupole en fer. Ali pacha défendit son étrange projet avec opiniâtreté mais vainement, car la fondatrice, justement conseillée ou inspirée, le rejeta pour adopter celui consistant dans la construction du fort pilier central après écartement des colonnes. L'exécution de ce travail entraîna

Fig. 6. — Vue des arcs accolés aux murailles pendant leur démolition.
(Le cliché laisse voir en *A* la naissance des arcs prévus seulement sur le pilier central).

aussi le déplacement des colonnes adossées aux parois pour construire le long de ces murs des piliers semblables à ceux des groupes de colonnes renforcées. Le plan fig. 5, présente cette transformation.

Néanmoins, la confiance en ces modifications n'était pas absolue, car certains dessins prouvent qu'on songea à établir au-dessus des colonnes des arcs dont la douelle n'aurait pas eu comme largeur celle des piliers augmentée des colonnes, soit trois mètres. Cette fâcheuse disposition (visible sur les planches III et IV et également sur la figure 6) montre la largeur adoptée pour ces arcs. Elle est de 1 m. 70, soit inférieure de 1 m. 30 à ce qu'elle devrait être pour se présenter logiquement. C'est peu après l'exécution de ces arcs qu'on eut à déplorer la mort de Hussein pacha, dont le projet avait été à peu près respecté jusqu'alors. En 1885, la princesse fondatrice étant morte, elle fut enterrée dans la chapelle intermédiaire située du côté nord de la mosquée. Neuf ans après, le Khédive Ismaïl Pacha à son tour fut enterré à côté de sa noble mère. Des riches « tarkiba » marquent leurs tombes sous le dôme construit quelques années plus tard. A la même époque, les deux portails nord ont reçu leur plafond avec une peinture peu heureuse. Suivirent quelques autres travaux sans importance : et ce fut tout !

La mosquée resta abandonnée pendant un quart de siècle.

★

Pl. XI. — Vue intérieure de la grande salle de prières en 1906.
(La figure fait voir les piliers en maçonnerie grossière qui servaient de cintrage pour la confection des arcs).

ES choses en étaient là quand, en 1905, Son Altesse le Khédive nous confia la mission de préparer les études nécessaires à l'achèvement de la mosquée. Personne ne soupçonnait alors le déplorable état du monument abandonné : murs trop faibles, trop espacés, et déjà lézardés, assises fendues.... Aussi, quand après un examen minutieux, nous nous sommes rendu compte des conditions de stabilité de l'édifice et n'ayant pu retrouver qu'un seul dessin (planche V) attribuable en toute certitude à l'auteur du projet, Hussein pacha ([1]), nous éprouvâmes un vrai découragement.

Près de la possibilité d'achever le travail dans l'esprit dans lequel il avait été conçu, nous formulions deux nouveaux projets en suivant deux idées différentes (planches VI à VIII). Dans l'un, l'idée dominante était d'ôter aux façades leur continuité lourde et monotone sans toucher aux parties essentielles de l'édifice ; nous avantagions les façades, principalement celles ouest et sud : celle-ci, tout en conservant sa symétrie, aurait eu ses angles accusés par les minarets, ce qui était fort désirable ; dans la façade ouest, la baie de la porte, trop étroite par rapport aux niches des fenêtres avoisinantes, aurait pris plus d'ampleur par suite de la réduction du nombre des fenêtres de quatre à deux. Dans le deuxième projet, nous proposions la démolition complète

---

([1]) Le dessin de la façade sud diffère sensiblement de la façade exécutée.

et la réédification de la mosquée sur un plan réduit permettant toutefois l'utilisation partielle des fondations anciennes, pl. IX. Il en serait résulté le dégagement de la mosquée du Sultan Hassan, au grand avantage de celle-ci aussi bien que de celle d'el-Rifaï. Ces deux projets furent écartés pour faire place à la proposition qui prévoyait la continuation du travail délaissé en restant autant qu'il était possible dans les limites du projet initial, abstraction faite, bien entendu, des changements nécessités par des raisons d'ordre purement technique.

Ces changements, indiqués sur le plan définitif, pl. X, où ils sont représentés par des hachures, sont d'une grande importance et, nous le répétons, uniquement dus au besoin d'assurer la stabilité du monument. Ils comprennent notamment le renforcement des murs destinés à supporter les minarets ([1]), ce qui a eu l'avantage d'assurer aux entrées, en diminuant leur largeur, une proportion plus élégante que celle prévue. Ces renforcements permirent encore de réaliser, au-dessus du tombeau réservé entre les entrées, la coupole figurée sur le projet de Hussein pacha. Dans le vestibule ouest, pour faire disparaître les disgracieuses plate-formes (fig. 4) dues à la suppression des maçonneries qui devaient les surmonter, nous avons remplacé les colonnes par des piliers ([2]). Dans la grande salle, en raison des principes architectoniques les plus élémentaires, il a été donné aux arcs une largeur équivalente à celle des piliers, sans cependant augmenter considérablement leur poids. Nous y sommes parvenus

---

([1]) La mise à jour des fondations a montré que celles-ci, au lieu de former empattement, étaient au contraire en retrait du nu du mur en élévation.

([2]) Signalons qu'au moment où nous avons pris la direction des travaux, il manquait au portail ouest deux fûts de colonnes et un troisième, au même endroit, était fait de deux morceaux. Nul doute que ces trois fûts avaient été enlevés pour remplacer ceux qui s'étaient brisés dans la grande salle, ainsi que nous l'avons dit précédemment. Nous avons remplacé les fûts manquant par d'autres provenant du Palais de Guizeh. Ils sont en marbre italien et non, comme tous les autres, d'origine turque.

PL. XII. — Vue de deux piliers de la grande salle de prières pendant l'exécution des nouveaux travaux.
(Celui de gauche laisse voir les modifications qui y ont été apportées).

Pl. XIII. — Façade and Dessin d'exécution de Herz bey.

en employant le ciment armé de préférence aux briques creuses auxquelles nous avions songé au commencement. Les plafonds devant être définitivement habillés de boiseries, le ciment armé était tout indiqué, surtout qu'il nous permettait d'assurer au sommet un chaînage aussi efficace qu'indispensable, vu la hauteur des murailles à relier. Les

Fig. 7. — Vue des échafaudages de la grande salle pendant l'exécution des travaux en ciment armé.

piliers entre les colonnes étaient en même temps renforcés et prenaient ainsi une expression de puissance rappelant celle des piliers à colonnes engagées des anciennes mosquées, pl. XI et XII.

Une difficulté plus grande se présentait quant à l'altitude à adopter pour établir les plafonds. Les façades, en effet, avaient une hauteur nettement fixée par le dessin

de Hussein pacha et aussi par ce qui était exécuté de la
façade sud, la plus complète de toutes ; d'autre part, les
arcs intérieurs étaient compris de telle façon, qu'entre leurs
clés et la position normale des plafonds, déterminée par
les façades, il existait une hauteur de sept mètres appelée à
être toujours dans l'obscurité. Nous avions deux solutions
pour obvier à ce grave inconvénient: l'une illogique et simple;
l'autre logique, mais plus difficile à réaliser. La première,

Fig. 8. — Vue des façades sud et est avant la reprise des travaux en 1906.

que nous avons repoussée, consistait à emboîter les plafonds
bien au-dessous des murailles extérieures, ce qui aurait
donné à l'édifice une incohérence complète entre ses
aspects intérieur et extérieur. La deuxième, que nous avons
réalisée, consistait à démolir les arcs incorporés aux murs
et à les refaire en leur donnant une hauteur beaucoup plus
grande. A tous points de vue la solution est heureuse:
elle est franche, allège de beaucoup les murs et les piliers et donne à l'ensemble des proportions plus agréables
et plus en rapport avec la tradition de l'art arabe. Elle per-

PL. XIV. — Façades sud et ouest après achèvement des travaux en 1911.

met aussi de donner à la courbure des arcs plus de grâce et d'élégance. (Pl. XVI).

Fig. 9. — Portail sud-ouest après achèvement en 1911.

La façade sud a été complétée suivant les indications du dessin sus-mentionné de Hussein pacha, par un couronnement composé de trois rangées de stalactites surmontées de la grande corniche ; nous n'y avons ajouté que l'inscription formant frise, pl. XIII et XIV et fig. 9. Si l'achèvement des façades nord et est a naturellement découlé de la précédente, il n'en a pas été de même pour la façade ouest, pl. XV, dont le portail mal combiné était difficile à établir sur les colonnes trop faibles pour supporter la masse appelée à les surmonter, fig. 10. Nous avons dû, pour éloigner toute crainte d'accident, noyer

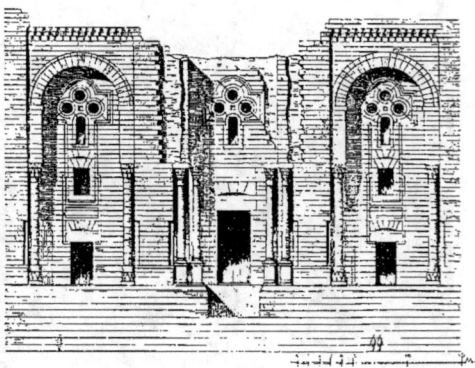

Fig. 10. — État du portail de la façade ouest en 1906.

dans l'épaisseur des murs, des poutrelles et établir au-dessus du portail, de fortes poutres armées destinées à répartir les charges sur les pieds-droits de l'ouverture (Pl. XVI et fig. 11).

Jusqu'ici, nous croyons avoir été fidèles au principe, que nous nous étions imposé, de suivre aussi scrupuleusement que possible les idées de Hussein pacha, tant qu'elles nous étaient exprimées, et de les pénétrer quand elles nous faisaient défaut. Et nous pensons que, dans ses grandes lignes, surtout extérieures, la mosquée el-Rifaï est ce que Hussein pacha désirait qu'elle fût. Si l'intérieur a été plus trans-

Pl. XV. — Façade ouest avant la reprise des travaux en 1906.

formé, nous avons la conviction d'avoir agi suivant la conception de l'architecte auteur du projet primitif, qui, au

Fig. 11. — Portail ouest après achèvement en 1911.

cours de l'exécution de son œuvre, y aurait probablement introduit lui-même des modifications semblables aux nôtres.

Mais nous avons eu aussi l'occasion de mettre à contribution nos inspirations. En effet, aucun document ne nous guidait dans la décoration de l'intérieur du monument. Nous avons donc suivi notre impulsion personnelle

Fig. 12. — Un des plafonds de la grande salle de prières.

en essayant de profiter de notre longue expérience, des enseignements que nous avons puisés aux sources les plus belles et les plus pures en restaurant avec amour les mosquées et autres édifices historiques du Caire, monuments merveilleux de l'art arabe.

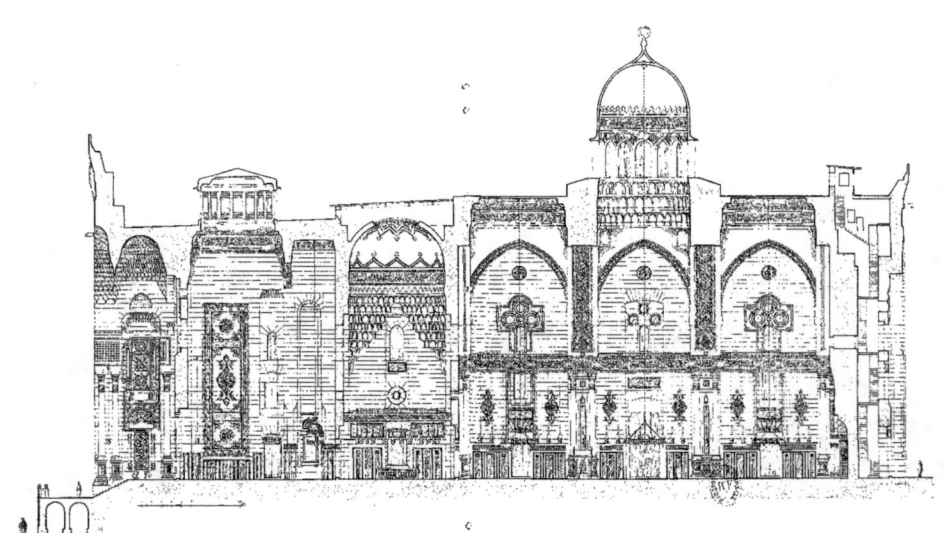

Pl. XVI. — Coupe longitudinale par la 4e onquée. Dessin d'exécution de Hers bey.

C'est en étudiant ces documents que nous avons acquis la certitude qu'il nous fallait rehausser les arcs, augmenter leur largeur, remanier les piliers de façon à ame-

Fig. 13. — Plafond du portail sud-est.

ner le noyau central à l'affleurement des fûts de colonnes, nous rapprochant ainsi de ce que nous voyons dans la mosquée d'Ibn Touloun, ou dans le tombeau de Kalaoun (Pl. XVI, XVIII et XIX). C'est encore pour rester dans l'esprit des chefs-d'œuvre de l'art musulman que nous avons coupé les hautes parois de la salle de prières par le large tirâz et que, afin de l'harmoniser étroitement avec

Fig. 14. — Vue du chantier lors de la construction des minarets et de la coupole sud.

les lambris en marbres polychromes, nous avons introduit ça et là de larges cartouches en bois, dorés et traités comme les plafonds, fig. 12 et 13. Toute la maçonnerie

PL. XVII. — Façade ouest à l'achèvement des travaux en 1911.

en ciment des plafonds a été revêtue de boiseries à haut relief, richement enluminées et celle en pierre des piliers, recouverte d'albâtre égyptien et d'autres marbres.

Les passages et le vestibule ouest, pl. XX, qui précèdent la grande salle de prières sont traités avec plus de sobriété, et en raison des nombreuses colonnes qui s'y

Fig. 15.
Grille de fenêtre. (Antérieure à 1906).

trouvent, nous avons dû encastrer les revêtements de marbre au lieu de les sceller en saillie des parois comme nous l'avons fait dans la salle de prières. Pour ne pas surcharger les murs, les dômes, à l'exception de celui de la façade sud et de celui placé au centre de la grande salle, ont été maintenus au-dessous des terrasses, fig. 14. Au sud, le renforcement des deux murs latéraux de la coupole nous a permis d'achever cette façade en réalisant l'intention de Hussein pacha, sauf un léger rehaussement de la coupole qu'il avait prévue trop basse, étant donné l'étroitesse de la rue. Pour mieux éclairer le tombeau central, privé de lumière directe, nous avons aménagé des ajours dans la coupole qui le surmonte.

Fig. 16. — Grille du sebîl. (Neuve).

Pl. XVIII. — La grande salle de prières à son achèvement.

Pl. XIX. — La paroi de la niche de prière.

ES nouvelles maçonneries de la mosquée ont été exécutées, comme les anciennes, avec des pierres provenant des carrières de Bassatyn, et apportées dans le voisinage de l'édifice par un chemin de fer spécial depuis le début du travail. Pour la décoration, diverses qualités de marbres ont été employées. L'Egypte a fourni une grande quantité d'albâtre des carrières de Beni-Souêf et aussi de la pierre jaune de Bouche. D'Europe nous ont été fournis divers matériaux: de Grèce sont venus le rouge antique, le vert antique, le beau Cypollin, le Tynos, le Skyros et un joli marbre blanc avec lequel nous avons fait les nouveaux linteaux des cinq portes, destinés à remplacer les anciens, brisés ou trop étroits. De Turquie, le marbre gris veiné, « le Stambouli », très employé au moyen-âge dans les monuments égyptiens. Les larges encadrements des lambris et la dikka (estrade) entière, érigée entre les piliers ouest de la grande salle, ont été faits avec ce marbre. Carrare a fourni le marbre blanc, et d'autres endroits de l'Italie le Portor jaune et noir, le Pavonazzo et le Schiste vert. La Belgique a expédié le marbre noir. Aux Pyrénées nous devons le Grand antique, le rose des Pyrénées et la belle brèche orientale. Enfin l'Allemagne a procuré le granit rouge de Saxe et le granit gris de Bavière.

Des accessoires que le zèle de Khalil Agha avait déjà fait fournir lors de l'interruption du travail vers 1880, nous avons trouvé déjà mis en place les vantaux des portes, incrustés d'ivoire et d'ébène et une grande partie du minbar, excellent exemple de l'exactitude des marqueteurs qui travaillaient alors dans les ateliers de Kasr el-Ali ([1]).

Les motifs du minbar nous ont inspiré pour l'achèvement du minbar même ([2]) et pour la confection du Koursi du lecteur du Koran. Les tapis qui avaient été livrés avant l'interruption des travaux, n'ont pas résisté aux atteintes du temps ([3]), et il a fallu en commander d'autres sur nos dessins à la manufacture de Héréké.

L'or que l'Administration conservait pour la décoration des plafonds depuis les premiers travaux, avait été fourni par Constantinople pour la somme de 2500 livr. st.

Les 44 grandes colonnes en marbre provenant des carrières de Marmara, avaient coûté 1000 liv. l'une ([4]). Chacune des 18 grilles en bronze des fenêtres inférieures, fig. 15, avait coûté le même prix. Il n'y a de récente, que la grille de la grande ouverture du Sebîl, fig. 16: elle revient au même prix, tout en ayant une surface presque triple, que l'une des anciennes grilles.

Tout ce qui concerne l'éclairage est naturellement nouveau. Huit lustres en cuivre jaune rehaussé d'applications en argent et 300 lampes en verre imitant celles du moyen-âge assurent l'illumination de la mosquée. Le grand lustre du centre mesure 4 m. 20 de diamètre. Des 300 lampes en verre, 240 sont émaillées ([5]) et agrémentées d'inscriptions koraniques et historiques.

([1]) Kasr el-Ali a disparu depuis, englobé dans le nouveau quartier de Garden-City.

([2]) Le chef des artisans de jadis était un nommé Badîr Wahba, originaire d'Assiout. Le hasard a voulu que ce soit son neveu Tadros Badir, autrefois apprenti à l'atelier de Badîr Wahba, où travaillait son père, qui fût appelé à terminer ce minbar, inachevé depuis plus de trente ans.

([3]) Je me rappelle en avoir vu, il y a une vingtaine d'années, dans les magasins de l'Administration Générale des Wakfs; ils étaient déjà très abîmés.

([4]) El-Khitat el-G.

([5]) Ces lampes ont été fournies par la maison Carl Hosch en Bohème.

Les cartons de la frise scripturale des plafonds du grand oratoire, préparés jadis par Abdallah bey el-Zohdi durent être remaniés pour être adaptés à la nouvelle disposition résultant du déplacement des piliers. Le cheikh Moustafa el-Harîri a été chargé de ce remaniement et de la composition d'importants nouveaux textes calligraphiques.

Nous donnons ici la traduction des textes historiques qui sont tous de la main du cheikh Moustafa:

1. Sur la façade sud, sous l'entablement entre les minarets:

« En 1286 de l'hégire (1869 J. C.) la construction de cette mosquée bénie a été ordonnée par feu Khochiâr Hânem effendi, mère de feu Ismaïl pacha, Khédive d'Egypte, fils d'Ibrahim pacha, fils d' el-Hag Mehemet Ali pacha. »

2. A l'intérieur, sur la voussure du vestibule ouest:

« Achevé en l'an 1328 de l'hégire. »

3. Sur la frise, à mi-hauteur des parois de la grande salle:

« Ce mausolée béni, construit sur la tombe de Sidi Ahmed el-Rifaï a été achevé en l'an 1328 de l'hégire (1910 J. C.) par ordre de Son Altesse le Khédive el-Hâg Abbâs II, que Dieu rende glorieux son règne et raffermisse son autorité. »

4. Sous la calotte du tombeau du cheikh Ali:

« Achevé à la fin de l'an 1327 de l'hégire. »

5. Sous le dôme du tombeau nord-est:

« Son achèvement eut lieu dans le mois de Rabi el-Sâni de l'an 1328 de l'hégire. »

6. Sous le dôme du tombeau nord-ouest:

« A été achevé dans le mois de Ragab de l'an 1328 de l'hégire. »

7. Sur le minbar:

« Ce minbar béni a été achevé par ordre de Son Altesse le Khédive el-Hâg Abbâs Hilmi II, en 1329 de l'hégire (1911 J. C.) sur le modèle adopté en 1295 de l'hégire (1878 J. C.) par la princesse Khochiâr Hânem, qui en avait ordonné la confection. »

8. Sur le koursi du lecteur du Koran :

« A ordonné la confection de ce koursi, le Khédive d'Egypte el-Hâg Abbâs Hilmi II, que Dieu perpétue son règne, et ce en l'an 1328 de l'hégire (1910 J. C.). »

Enfin deux plaques en marbre, scellées contre les parois du grand vestibule, portent le texte suivant :

« En 1286 de l'hégire (1869 J. C.) la construction de cette mosquée bénie de Sidi Ahmed el-Rifaï fut commencée sur l'ordre de feue Khochiâr Hânem effendi, mère de feu le Khédive Ismaïl pacha, fils de feu Ibrahim pacha, fils de feu el-Hâg Mohamed Ali pacha, chef de la famille khédiviale.

Cette construction fut interrompue par la mort de la princesse qui l'avait ordonnée et resta ainsi inachevée jusqu'en l'an 1324 de l'hégire (1906 J. C.).

A cette date, les travaux de cette belle mosquée ont été repris sur l'ordre de Son Altesse el-Hâg Abbâs Hilmi II, Khédive d'Egypte, sous le règne duquel l'Egypte a atteint le plus haut degré de prospérité et de bonheur. Cet ordre a reçu une heureuse et parfaite exécution par les soins de S. E. el-Hâg Ahmed Khaïri pacha, directeur des Wakfs khédiviaux.

La mosquée fut achevée à la fin de l'an 1329 de l'hégire (1911 J. C.) et inaugurée le 1er Moharram de l'an 1330 de l'hégire (le 22 déc. 1911) en présence de Son Altesse le Khédive. »

La mosquée el-Rifaï devait, d'après les prévisions initiales, coûter un demi-million de livres environ. Les dépenses vers 1880, lors de l'interruption des travaux, atteignaient cette somme, si même elles ne la dépassaient pas. Nous n'avons sur ce sujet aucun renseignement précis.

Quant aux dépenses effectuées depuis 1906, en voici le détail :

PL. XX. — Vestibule ouest après achèvement.

Maçonnerie et gros œuvre	livr. st.		58.300
Ciment armé	»	»	19.800
Menuiserie ordinaire	»	»	8.450
Marbrerie	»	»	16.600
Sculpture ornementale	»	»	800
Peinture décorative	»	»	7.200
Ornements en plâtre et vitraux	»	»	3.550
Lustrerie et grilles	»	»	2.350
Lampes en verre	»	»	1.500
Installation de la lumière électrique	»	»	950
Tapis	»	»	3.000
Frais de direction et divers	»	»	10.000
Soit un total de	»	»	132.500

A cette dépense s'ajouteront celles nécessaires pour divers travaux complémentaires, notamment: Les lambris en marbre du tombeau des deux cheikhs; le décor des deux baies situées à côté de l'entrée ouest; le revêtement en bronze des vantaux des cinq portes principales. Provisoirement, et contrairement à l'usage, les faces en marqueterie de ces portes se trouvent du côté extérieur et lorsque les appliques en bronze seront achevées, ces vantaux seront retournés pour reprendre leur position normale.

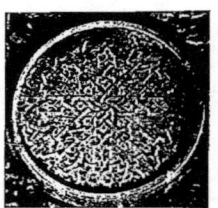

TABLE DES PLANCHES

ᴄPLANCHE	I.	— Partie de la ville à l'est de la mosquée el-Rifaï à la fin du XVIIIᵉ siècle, d'après les planches de l'Expédition d'Egypte . . . . . Page		2
»	II.	— Plan primitif de la mosquée dressé par Hussein pacha	»	8
»	III.	— Coupe longitudinale par la mosquée avant la reprise des travaux en 1906.	»	11
»	IV.	— Coupe transversale par la mosquée avant la reprise des travaux en 1906	»	11
»	V.	— Façade sud, d'après un dessin au crayon, de la main de Hussein pacha	»	14-15
»	VI.	— Premier projet de modification entraînant la réduction générale du monument - Plan de Herz bey	»	19
»	VII.	— Façade du plan de la planche VI - Projet de Herz bey	»	23
»	VIII.	— Coupe longitudinale AB pl. VI - Projet de Herz bey	»	27
»	IX.	— Deuxième projet de modification entraînant la démolition et la reconstruction complète de la mosquée, en conservant aux tombeaux leurs emplacements primitifs - Plan de Herz bey. .	»	31
»	X.	— Plan d'exécution montrant les modifications apportées par Herz bey au projet primitif .	»	33
»	XI.	— Vue intérieure de la grande salle de prières en 1906	»	37
»	XII.	— Vue de deux piliers de la grande salle de prières pendant l'exécution des nouveaux travaux .	»	41
»	XIII.	— Façade sud. Dessin d'exécution de Herz bey	»	44-45
»	XIV.	— Façades sud et ouest après achèvement des travaux en 1911	»	49
»	XV.	— Façade ouest avant la reprise des travaux en 1906	»	53
»	XVI.	— Coupe longitudinale par la mosquée — Dessin d'exécution de Herz bey . .		58-59
»	XVII.	— Façade ouest à l'achèvement des travaux en 1911.		63
»	XVIII	— La grande salle de prières à son achèvement		68-69
»	XIX.	— La paroi de la niche de prière. .		72-73
»	XX.	— Vestibule ouest après achèvement.		79

★

MILAN - IMPRIMERIE HUMBERT ALLEGRETTI.

www.ingramcontent.com/pod-product-compliance
Lightning Source LLC
LaVergne TN
LVHW020958090426
835512LV00009B/1950